GUSTAVE COQUIOT

LES

CAFÉS-CONCERTS

PARIS
L'IBRAIRIE DE L'ART
41, RUE DE LA VICTOIRE, 41

PARISIANA
CONCERT PARIS PARISIANA CONCERT
MATINÉE

Parus :

LES BALS PUBLICS. Paris, 1895. (Épuisé.)
LA SEINE. Librairie de l'Art. Paris, 1896.

Pour paraître :

LES VILLAS DE PARIS.
LA MAISON DES FOUS.

DE CE LIVRE

IL A ÉTÉ TIRÉ, UNIQUEMENT : 10 EXEMPLAIRES SUR
JAPON IMPÉRIAL ET 100 EXEMPLAIRES SUR PAPIER
DE HOLLANDE.

———

EXEMPLAIRE SUR JAPON N° 7

CAFÉS-CONCERTS

PARIS. — IMPRIMERIE DE L'ART

E. MOREAU ET Cⁱᵉ, 41, RUE DE LA VICTOIRE

GUSTAVE COQUIOT

LES

CAFÉS-CONCERTS

PARIS
LIBRAIRIE DE L'ART
41, RUE DE LA VICTOIRE, 41

Pour Jean Lorrain.

FOLIE-BERGÈRE

CAFÉS-CONCERTS

LE café-concert est indéniablement
l'école du vigilant reportage, de
l'actualité célébrée, chantée. Cela
étant entré pleinement dans les mœurs,
il fut nécessaire en toutes rues ; et il
appert qu'il veille aux désirs de chacun
et donc satisfait à sa convenance sociale,
à son caractère d'idonéité vraiment rare.

Étant un des habitats du plaisir, il
est mobile et aisément se déplace ; et,
cependant, l'entité *café-concert* semble
immuable.

L'habitat est surtout timide à s'ériger; des histoires de faillite ont éveillé ses craintes; et, aussi, même quand il a l'aspect d'une chose durable, rentée par d'assidus spectateurs, il offre ce caractère du provisoire des bals, ces cafés où l'on danse.

Sa raison d'être est cette chose éminemment favorable de laisser tant de libertés aux notoires incivils de ce temps, fort allègres de ne garder en ce lieu nulle décence. Car, pour la plupart, c'est le Bicêtre où leur folie est à l'aise, et où ils se hâtent vers la fin de leurs voyages illusoires, dans ce milieu si absolument adéquat.

En effet, plus entièrement qu'aux théâtres, pourtant si essentiellement inconfortables, aux chantants de longues constructions en couloir évoquent très réellement des aspects de dessous de ponts, de très certaines, ici et là, constructions de steam-boats.

A considérer la place resserrée, par-
tagée en un impossible nombre de
sièges, on évoque, certes, — sous les
habituelles avancées des balcons, — les
couchettes enlevées, le déblaiement pour
une fête à bord : improvisation du papier et de la planche, mètres d'ornements collés bout à bout, et les mas-
ques, ces ornements des centres, sur
l'habillage des étoffes rouges ou bleues,
que complète la peinture vivement enle-
vée d'un paysage — terrasse, décor de
la scène, — unique et immuable.

Et du plafond, — du dessous du pont
— il ne manque point l'éclat de globes,
électriques et si blancs, — tellement à
l'unisson avec le reste; — tandis qu'en
de certains chantants même, l'évocation
du steamer en marche se précise par la
trépidation continuelle des dynamos, des
bielles et des volants, girant sous les
boxes, où l'on se met si plaisamment à
l'étau.

Toutes castes soigneusement départagées, d'ailleurs.

La démarcation très nette des passagers demeure depuis les loges du parterre jusqu'aux bancs d'en haut; — ces bâtis de planches où des gens se parquent béatement heureux, enfumés par les tabacs multiples et dilués par eux, à les croire volatilisés pleinement, si parfois on ne voyait à l'aveuglette un reflet de peau, on ne sait quel coin de chair de la bête joyeuse qui s'ébroue dans un heurt du rire ou de l'apostrophe.

Ce symbole, au reste, ne fut pas cherché : l'imaginaire bateau en marche; — les spectateurs étant les passagers de la vie, et, le but, cette chute du rideau dans du noir à la fin, dans l'habituel ennui qui vous reprend, dans l'amertume du recommencement de toujours.

Seulement, plaisir national et universel, le café-concert se casa partout, se ménagea une place dans les construc-

tions utilitaires, dans les immeubles de
rapport. De là vint la nécessité de
l'étranglement de la case. Peu de cafés
prirent leurs aises. De là aussi, sauf
exceptions, le ténu de la façade, construite en carton-pâte, en singerie de
théâtre très humble; avec, seulement,
ce certain et très plaisant spectacle des
globes blancs, gloire des arceaux et de
la ligne droite.

A l'entrée, l'affiche, par contre, se
multiplia, fit une haie d'honneur, arrêta
des regards avec des renommées de
noms, retint des passants avec le procédé
de ses portraits, rehaussés de couleurs
bavardes, exagérant une physionomie
niaise, — le puéril dans l'obtus — apo-
théosant le geste d'un crétin, la grâce
maniérée d'une fille, faisant du rire avec
des déformations physiques, célébrant la
cachexie cérébrale d'un cabot de marque,
dans des dessins qui frisent le génie de
l'impuissance, qui donnent la répulsion

d'un dessin exécuté par un égrotant,
plutôt par un fol très sournois.

Et cet ensemble se double au dedans
— étrange tabernacle ! — d'un mer-
veilleux enfantillage de décoration, d'une
puérilité si laborieuse qu'il ne se peut
imaginer rien de similaire. Le poncif,
ici, surtout, a des grâces d'État ; et,
vraiment, cela importe si peu aux habi-
tuels hôtes qu'il semble inane, pleinement, d'y apporter remède.

Quand le chantant veut se rehausser
au-dessus de la grange ou du bâteau
pour bains, il prodigue le zinc des orne-
ments-types, la queue des peintures,
tout le falbala des escaliers drapés de
rouge, des bars, des décors de forêts
fleuries, où les arbres ressemblent si
bellement à des fleurs qui ont monté.

Le treillage et la loge parée de roses
y rappellent la guinguette que l'on
chante, ici, en termes si tendres ; et y
luisent aussi torchères des lupanars de

province, glaces des petits salons pour
le troupeau agité des tribades aux yeux
luisants et fixes, aux lèvres inquiétantes.

Et il fut plaisant de s'en tenir là, de
ressasser les mêmes idées touchant ces
choses, de ne rien innover, de rester si
absolument dans l'ordinaire ordonnance-
ment de tout, d'être si heureusement
satisfait des décorations de cafés et de
réfectoires publics. Cela convient pleinement à l'esthétique du lieu, aux plaisirs
sempiternellement pareils, à toute cette
foule, — ce bon public, si obstinément
niais devant la cage ronronnante et piail-
lante des cabotes et des cabots.

Et, en vérité, pour qui les considère,
des mensonges de décors sont hilares. Il
y a, par exemple, de fausses balustrades
blanches, découpées sur des fonds rose-
groseille, qui simulent une galerie ; il y
a des arceaux et des fausses perspectives
de petits bois, ressouvenirs du temps
où l'on cavalcadait sous l'œil drolatique-

ment vert et fleuri des tonnelles-Ram-
ponneau et des bosquets de Belleville ;
il y a des réminiscences d'Alcazars de
kermesse, d'incohérentes ornementations
moresques ou persanes, quelque chose
qui apparaît nettement comme la maison de plaisir rêvée et construite par
une colonie d'hurluberlus. Et, cependant, l'idée vient que quelque chose de
plus tarabiscoté, de plus bouffon aurait
pu être inventé et exécuté; l'idée qu'on
aurait pu atteindre à l'apothéose du bis-
cornu, satisfaire à la gloire complète du
rire. Mais, alors, ceci s'impose : le devoir pour les chansonniers d'être plus
grandement idiots, d'être moins mono-
tonement niais, de louer des farces véné-
riennes plus joyeuses ; et, alors, fatale-
ment, le spectacle devenant plus fleuri,
le public, qui ne change pas, lui, ne
suivrait plus, ne comprendrait pas tout
de suite cet effort neuf, déserterait en
foule, de sorte que, devant cette alter-

native, il appert que tout fut merveil-
leusement ordonné et suffisamment cu-
rieux en l'ensemble.

Bon public, au reste, dont les enthousiasmes lyriques sont durables, encourageants et à encourager.

Bonne volonté dont il ne faut point tarir la source : incitatrice des efforts, dispensatrice de largesses, l'hiver, dans les salles chaudes à l'odeur d'étable, et, l'été, aux marronniers de la grande avenue.

Sous les arbres en boule, quand, la saison favorable venue, s'ouvrent les concerts d'été : *Les Ambassadeurs*, *l'Alcazar* et *l'Horloge*, je ne manque pas de saluer ces joyeuses bâtisses, à l'air d'établissements de bains très calmes et très roses.

O l'idée charmante qui décréta leur installation dans les fleurs, au milieu de pelouses très anglaises !

Joyeux pastiches pompéïens que complètent le saule et la vasque! Bonnes auberges de la route pour le passant qui passe, où du plaisir peut se prendre mêmement dans l'enclos d'un spectacle en plein air, devant des boissons fraîches et sous la gaie ribambelle des globes tout blancs qui luisent si doux!

Sous les grosses boules des arbres, dans ces odorantes pelouses, dans cette amoureuse avenue des soirs roses, l'invitation à entrer est déterminante, certes, tellement est plaisante, de discrète intimité, — d'on ne sait quel lupanar d'ailleurs — l'entrée avec son petit arc de globes, l'attrait du treillage, sous le lourd dais de verdure; — et aussi cette joie est, dès le seuil, des chapeaux jolis des femmes, — la présence de la Femme! — dans le flon-flon folâtre de la musique, au bout du hangar-parterre, dans l'atmosphère de lumière si délicieusement attiédie, qui met de la moiteur

aux chairs, qui dégage l'odeur de l'autre
sexe, cet indéfinissable des bienfaisantes
ablutions. Et, chez les filles aussi, tout
de suite, cet orgueil si doux de plaire,
d'être à tous, d'être l'idole des étreintes
chèrement tarifées et en même temps
l'amoureuse des foules, et d'être, n'est-ce
pas, le spectacle, l'unique, à vous faire
oublier pleinement tout le reste? — si
plaisant recommencement, enfin, dans la
pérennelle même chose des cabotins du
lieu.

Exquis paysages de fleurs et de
femmes! Il n'en est pas ailleurs de plus
rares. A la fin d'un bel après-midi,
quand le ciel est devenu rose, quand il
y a un peu de silence tombé là, ces
architectures et ces pelouses — cariatides
ioniques sur péristyle dorique et frontons
de forme si comique, pelouses des cot-
tages anglais, avec des corbeilles de
fleurs, avec la luminosité des tons de
nature avivés de la fraîcheur tiède du

dais des arbres, — ces architectures et
ces pelouses composent un adorable
paysage de caractère cosmopolite, à ne
savoir où le ranger dans la catégorie
des clichés connus, dans le catalogue des
paysages poncifs de la terre, — affirment
peut-être, le plus souvent, une architecture de l'Hellespont, dans des jardins
d'outre-Manche.

Certes, on peut concevoir également
une architecture qui eut été tout autre ;
une architecture de guinguette par
exemple, une chose légère, dont le bois
découpé, taillé, arrondi, biseauté, eût
fait presque tous les frais ; une architecture svelte. décorée de faïences,
recouverte de toits multicolores juchés
au bout de colonnettes très minces ;
mais cela eut-il été comparable à l'aspect thermal de ces concerts ? à la
synthèse : restaurant et maison suspecte,
présentée, édifiée avec la déformation
d'une architecture qui semblait immua-

blement solennelle : l'architecture de la
Hellade ?

Des matinées, du soleil sur ces pelouses, et l'intimité est charmante, voi-
sine avec l'aspect joli le soir des globes
blancs allumés dans les branches.

La fontaine glougloute, des pigeons
volent dans les fleurs ; et, approchez-
vous, vous verrez aux fenêtres des cafés-
restaurants des femmes à leur toilette,
une toilette qui dure et s'étire, le lever de
paresseuses femmes qui s'attardent en
d'interminables nonchalances et repos, et,
dans la coloration tendre des façades,
l'éclair si frais du linge blanc d'une
femme qui passe, qui est comme le
réveil de charme d'une villa, dans de la
nature de bacs de lauriers roses et de
grosses fleurs épanouies.

Et des soirs, des soirs encore !

Il y a des fois où c'est la grande
parade des filles, quelque chose comme
le congrès du putanat, comme le défilé

des déléguées des quatre coins de la
France, les députés-femmes, pourrait-on
dire, pour la tâche des ruts ; et toutes,
si inouïes à les voir en leurs allures
superbes de bêtes de la noce, avec leurs
merveilles de maquillages, avec de per-
suasifs sortilèges de gestes et si hau-
tainement impudentes, fières tellement
d'elles-mêmes, casquées de lourdes toi-
sons et animalement agressives.

Sur leurs nerfs, leurs pauvres nerfs,
les musiques promènent leurs archets,
font vibrer ces torses, ces croupes si
bellement évasées, où il y a des fré-
missements, des remous, comme des
remuements de folies anciennes. Et sur
les poitrines, les belles poitrines blanches, s'érige l'impassible rondeur des
seins, éperdûment tendus, rigides, —
orgueils des actives et stériles amours.

Musique si folle au reste en tous
concerts ! Ces musiciens dont on ne peut
chasser l'idée de consommateurs plai-

sants qui s'amuseraient à pomper leurs boissons avec des tubes de cuivre et des chalumeaux de bois.

Il faut, certes, retenir leur grave labeur d'aider à la niaiserie des couplets par la niaiserie des airs, par le tonitruant flon-flon des basses ou le sifflement aigu des flûtes. Dans les reprises de refrains, surtout, c'est de l'imbécillité qu'ils enfoncent comme des coins dans les crânes, à coups de grosse caisse et de heurts de cymbales. Puis le concert continue avec de la tempête enjolivée de fioritures, avec de la charge orchestre, de l'hilarité entraînante, de la musique retour de fête suburbaine, d'actives, courtes et multiples reprises de tonnerre, avec des couplets scandés, appuyés par des audaces d'instruments, par des sonorités très denses, par des piaillements bien aigres. Et la variété est; les airs se suivent, se mêlent, s'activent; cependant que le chef d'orchestre, chauve le plus souvent, comme il convient, a sur son crâne la rondelle bien luisante d'un jet électrique, que l'on projette sur la scène.

Et ceci, justement, est encore parfaitement idoine : l'éclairage violent du salon de lupanar ou de la terrasse-jardin aux fleurs débordantes.

Mais, il nous faut, pour la plus complète réalité de la chose : le lupanar ouvert, regretter la disparition des poseuses qui, rangées en éventail, se tenaient assises sur la scène, pendant le défilé des cabots. C'était mieux, certes, et il y avait en moins la prétention de retenir le public avec une seule chanteuse. C'était comme le salon de ces dames, décemment vêtues pour la parade ; et les types divers amusaient ; le hasard alignait des filles de tout acabit, comme aux logis clos et si bénévolement hospitaliers.

Mais, d'autres transformations, point !

Bonnes lois canoniques, qui tenez la

bride au café-concert, au reste, soyez
vigilantes !

Assez de ces habitats du plaisir sin-
gent le théâtre, dans leur spectacle,
après avoir pillé copieusement l'album-
cliché des décorations et des tentures,
des rinceaux et des entrelacs.

Certes, ils semblent usés, oh combien !
les numéros seuls ! Mais les revues
donc, et partant le théâtre !

Il y a bien le déshabillage en scène ;
mais cela deviendra vite sans intérêt,
même pour les plus salaces crétins. Le
retour à l'art antique, avec les modèles
du bain à 50 centimes, — bain des
fleurs — école pour dames — ce ne
sera pas même d'une perversion bien
byzantine, quant aux maigres ; et le
rire, le « bon rire gaulois » sera-t-il
pour longtemps alimenté par les coulées
de poitrines des naines énormes ?

Elles chantent, celles-là, pour le mo-
ment, leurs chansons de la « revanche ».

Avec conviction elles secouent leurs lourds tétins, si largement hâlés ; et leurs yeux se dilatent, s'effarent, nous effarent, quand le poing dirigé là-bas, où vous savez, elles fulminent des menaces vaines.

Et les ingénues ?

Elles font aussi merveille les petites femmes qui réjouissent une salle en se tortillant les bras, et en nous contant de précoces pensées. Je me rappelle les vieux — revenus à l'état d'adolescence — qu'elles font se roidir et qui en oublient de fumer et de boire pour ne pas perdre la moindre des paroles qu'elles débitent si niaisement, ces niaises paroles qu'elles débitent si naturellement.

Et les autres genres ?

Oui, il y en a d'autres, encore divers, — pour toutes les joies ! La synthèse éminemment nationale, le chantant, comprend encore moult genres bousingots, commis-voyageurs et calicots.

Mais, en résumé, les inquiétudes du ventre et du bas-ventre composent presque tout entier le répertoire du café-concert. La foule se nourrit avec lente volupté de la sanie des gestes et des mots. Les couplets expriment, sans recherche, la chose platement sale et répulsive des cartes transparentes et des photographies de casernes. Voilà vraiment des plaisanteries de séminaires, des atellanes fort peu drôles et nauséabondes. Et pourtant, cela n'est-il pas préférable, malgré tout, aux pleurnicharderies avérées, aux sentimentales rhapsodies sur l'amour et les oiseaux, aux boniments patriotiques et sociaux, à une morale du vomissement, à un prêche du devoir en un lieu éminemment malpropre ?

Il faut bien le dire encore : tout est pour le mieux.

Cette chose trouble : le café-concert, est en merveilleuse harmonie avec son

public, par qui elle est, qui la fait durer
en toute prospérité, et qui peut venir
chercher là, à coup sûr, ce besoin de
poésie dont nulle âme essentiellement
française ne peut se passer.

Saint-Louis-en-l'Île, 1866.